Kleine & grote smaken

100 EENVOUDIGE RECEPTEN VOOR VINGERHAPJES DIE INDRUK MAKEN

BAXTER WATSON

Alle rechten voorbehouden.

Vrijwaring

De informatie in dit eBook is bedoeld als een uitgebreide verzameling strategieën waar de auteur van dit eBook onderzoek naar heeft gedaan. Samenvattingen, strategieën, tips en trucs zijn slechts aanbevelingen van de auteur, en het lezen van dit eBook garandeert niet dat iemands resultaten exact overeenkomen met de resultaten van de auteur. De auteur van het eBook heeft alle redelijke inspanningen geleverd om actuele en nauwkeurige informatie te verstrekken aan de lezers van het eBook. De auteur en zijn medewerkers zijn niet aansprakelijk voor onbedoelde fouten of omissies die kunnen worden aangetroffen. Het materiaal in het eBook kan informatie van derden bevatten. Materialen van derden bestaan uit meningen die door hun eigenaren worden geuit. Als zodanig aanvaardt de auteur van het eBook geen verantwoordelijkheid of aansprakelijkheid voor materiaal of meningen van derden. Of dit nu komt door de vooruitgang van internet of door onvoorziene veranderingen in het bedrijfsbeleid en de richtlijnen voor redactionele inzendingen, wat op het moment van schrijven als feit wordt vermeld, kan later verouderd of niet meer van toepassing zijn.

Het eBook is copyright © 2024 met alle rechten voorbehouden. Het is illegaal om dit eBook geheel of gedeeltelijk te herdistribueren, kopiëren of afgeleid werk te creëren. Geen enkel deel van dit rapport mag worden gereproduceerd of opnieuw worden verzonden in welke vorm dan ook, zonder schriftelijke, uitdrukkelijke en ondertekende toestemming van de auteur.

INHOUDSOPGAVE

INHOUDSOPGAVE..4
INVOERING..8
MINI-HAAKJES..10
    1. Kaviaar Hart Kusjes...11
    2. Burrito-hapjes...13
    2. Kippennootjes hapjes..16
    3. Buffel kipvingers...19
    4. Gehaktbrood muffins..22
    5. Spek avocado hapjes..24
    6. Pizzahapjes..26
    7. Spek- en bosuihapjes...28
    8. Kiphapjes omwikkeld met spek...........................31
    9. Spek-oesterhapjes..33
    10. Buffelbloemkoolhapjes..35
    11. Chocolade Chili Mini Churros...........................38
    12. Bouillabaisse hapjes..41
    13. Bloemkool cups..44
    14. Macaroni en kaas cups...46
    15. Bologna quiche cups...49
    16. Muffin-prosciuttobeker..51
    17. Spruitjesbekers...54
    18. Witlofbekers..57
    19. Taco-bekers...59
    20. Ham en cheddar cups..62
    21. Cocktailparty garnalen..65
    22. Cocktail wortelstokjes..68
    23. Cocktail soezen...71

24. Cocktail kebabs..74
25. Cocktail waterkastanjes....................................77
26. Cocktailworstjes...79
27. Cocktailrogge-hors d'oeuvres.............................81

VLEES- EN GROENTEBAL LS..................................83

28. Bacon-jalapeñoballetjes...................................84
29. Avocado-prosciuttoballetjes.............................87
30. Barbecueballen..89
31. Pannenkoekballetjes met spek en esdoornsiroop......91
32. Zonneboterballetjes...93
33. Braziliaanse uienhapjes....................................95
34. Pizzaballen..98
35. Olijf- en fetaballetjes......................................100
36. Brie-hazelnootballetjes...................................102
37. Curry tonijnballetjes.......................................104
38. Varkensvleesbommen.....................................106
39. Zoute karamel- en brieballetjes.......................109
40. Cocktailparty gehaktballen.............................111
41. Cocktailkaasballetjes......................................114

GRONDSTOFFEN...117

42. Rauwkost met relish.......................................118
43. Groene en witte rauwkost...............................121
44. Koolrabi rauwkost..124
45. Remoulade met rauwkost van groenten............126
46. Skelet crudite..129
47. Pittige winterse rauwkost...............................132
48. Driekleurige rauwkostschotel..........................135
49. Groenten op een schaal leggen.......................138

DIPS EN SPREADS..140

50. Krab rangoon dip...141

51. Geitenkaas Guacamole..144
52. Beierse party dip/spread......................................146
53. Gebakken artisjok-feestdip...................................148
54. Buffelkip dip...151
55. Pizzadip...154
56. Ranch-duik..157
57. Pittige garnalen-kaasdip......................................159
58. Knoflook- en spekdip..162
59. Romige Geitenkaas Pesto Dip..............................165
60. Hete pizza Superdip..167
61. Gebakken spinazie-artisjokdip.............................170

ZOETE LEKKERIJEN.......................................173

62. Bacon en Geitenkaas Pops..................................174
63. Kokosnoot-vanille ijsjes......................................177
64. Bevroren fudge-ijsjes..179
65. Oranje Cranberry ijsjes.......................................182
66. Polynesische ijsjes..184
67. Perzik Slagroom Creamsicles..............................186
68. Chocoladelolly's..188
69. Glazen sneeuwkegels...190
70. Watermeloen ijsjes...192
71. Matcha-ijsjes..194

CANAPÉS..196

72. Asperges en feta canapés...................................197
73. Gebakken zeevruchten canapés..........................200
74. Kaviaarhapjes en hors d'oeuvres........................202
75. Fromage-chèvre hapjes......................................204
76. Hartige champignons canapés............................207
77. Rumaki- hapjes..209
78. Zalmmousse hapjes...212
79. Met spruitjes gevulde canapés...........................215

VOORGERECHTEN SALADES..........................218

80. Tonijn-komkommerhapjes........................219
81. Bietensalade als voorgerecht..................221
82. Curry-eiersalade met witlofcups..............224
83. Salade met garnalen en Nasturtium als voorgerecht 226
84. Courgette salade als voorgerecht.............229
85. Voorgerecht van pepersalade.................232
86. Antipasto salade voor feestjes................234
87. Roze feestsalade................................237
88. Cajun spam-partysalade.......................239
89. Cocktailteriyaki..................................242

CHIPS EN CRISPS..245

90. Prosciutto-chips................................246
91. Bietenchips.....................................248
92. Gerst chips.....................................251
93. Cheddar mexi-melt chips......................254
94. Pepperoni-chips.................................257
95. Engelenchips....................................259
96. Saté van kipfilets...............................262
97. Kipvel met avocado............................265
98. Parmezaanse groentechips....................268
99. Pompoentaart-kokosnootchips................271
100. Kippenvelchips alfredo........................274

CONCLUSIE..276

INVOERING

Wie houdt er nou niet van party fingerfood? Ze zijn niet alleen heerlijk, ze zijn ook essentieel om ervoor te zorgen dat je gasten gaan lachen.

Wat zijn vingerhapjes?

Fingerfoods zijn idealiter kleine, hapklare hapjes die bedoeld zijn om direct met je handen te eten, geen bestek nodig! In plaats van vork en mes serveren mensen deze mini-voorgerechten vaak met stokjes of tandenstokers voor gemakkelijk eten!

Als het je meer dan drie happen kost om het op te eten, is het waarschijnlijk geen echte fingerfood! One bite foods zijn de beste soort hapjes om te serveren, omdat ze geen servetten nodig hebben en weinig tot geen rommel opleveren!

Fingerfoods bestaan al een tijdje. Geloof het of niet, ze werden populair rond de drooglegging toen er speakeasy bars waren. Cocktails werden illegaal geserveerd en ze vergezelden die illegale drankjes met kleine hapjes die makkelijk te serveren en te eten waren om mensen tevreden te houden en ze ook aan het drinken te houden!

Fancy fingerfood is perfect voor cocktailparty's en speciale evenementen of feestdagen zoals bruiloften of oudejaarsavond! Ze zullen zeker indruk maken en zijn perfect voor volwassenen!

Laten we dan maar beginnen!

MINI-HAAKJES

1. Kaviaar Hart Kusjes

Ingrediënten:
- 1 komkommer, geschrobd en bijgesneden
- 1/3 kopje zure room
- 1 tl gedroogde dille
- Versgemalen zwarte peper naar smaak
- 1 pot rode zalmkaviaar
- Verse dille takjes
- 8 Dunne sneetjes volkorenbrood
- Boter of margarine

Routebeschrijving:
a) Snijd de komkommer in plakjes van 0,5 cm.
b) Meng in een kleine kom zure room, gedroogde dille en peper. Doe een theelepel van het zure roommengsel op elke komkommerplak. Garneer elk met ongeveer 1/2 theelepel kaviaar en een takje dille.
c) Snijd sneetjes brood met hartvormige koekjesvorm. Toast en boter. Leg komkommerschijfjes in het midden van het serveerbord en omring ze met toastharten.

2. Burrito-hapjes

Ingrediënten:
- 1 blikje Tomatenblokjes
- 1 kopje Instantrijst
- ⅓ kopje Water
- 1 Groene paprika, in blokjes
- 2 bosuitjes, in plakjes gesneden
- 2 kopjes Geraspte cheddar kaas, verdeeld
- 1 blikje Ranch-stijl Refried Beans (16 oz)
- 10 bloemtortilla's (15-18 cm)
- 1 kopje Salsa

Routebeschrijving:

a) Verwarm de oven voor op 175°C. Bespuit een ovenschaal van 23x30 cm met PAM en zet deze opzij.

b) Doe de rijst en het water in een middelgrote pan en breng het aan de kook.

c) Zet het vuur lager, dek af en laat 1 minuut sudderen. Haal van het vuur en laat 5 minuten staan of tot alle vloeistof is opgenomen. Roer peper, uien en 1 kopje kaas erdoor.

d) Verdeel ongeveer 3 eetlepels bonen over elke tortilla tot $\frac{1}{8}$" van de rand. Leg het rijstmengsel over de bonen; rol op. Leg de naad naar beneden in de voorbereide ovenschaal; dek af met folie.

e) Bak in de voorverwarmde oven 25 minuten of tot ze heet zijn. Snijd de tortilla's in 4 stukken en leg ze op een schaal. Garneer met salsa en kaas . Garneer met salsa en kaas. Zet terug in de oven en bak 5 minuten of tot de kaas gesmolten is.

2. Kippennootjes hapjes

Ingrediënten:
- 1 kopje Kippenbouillon
- ½ kopje Boter
- 1 kopje Meel
- 1 eetlepel Peterselie
- 2 theelepels Gekruid zout
- 2 theelepels Worcestersaus
- 34 theelepels Selderijzaad
- ½ theelepel Paprika
- ⅛ theelepel Cayenne
- 4 grote eieren
- 2 Kipfilets, gepocheerd, zonder vel
- ¼ kopje Geroosterde amandelen

Routebeschrijving:
a) Verwarm de oven voor op 400 graden. Doe de bouillon en boter in een zware pan en breng aan de kook. Roer de bloem en kruiden erdoor.

b) Kook, snel kloppend, tot het mengsel loslaat van de zijkanten van de pan en een gladde, compacte bal vormt. Haal van het vuur. Voeg de eieren één voor één toe en klop goed tot het mengsel glanst. Roer de kip en amandelen erdoor.

c) Druppel met afgeronde theelepels op ingevette bakplaten. Bak gedurende 15 minuten. Vries in na het bakken.

3. Buffel kipvingers

Ingrediënten:
- 2 kopjes amandelmeel
- 1 theelepel zout
- 1 theelepel zwarte peper
- 1 theelepel gedroogde peterselie
- 2 grote eieren
- 2 eetlepels volle kokosmelk uit blik
- 2 pond kipreepjes
- 1 1/2 kopje Frank 's Red-hot Buffalo- saus

Routebeschrijving:

a) Verwarm de oven voor op 175°C.

b) Meng het amandelmeel, zout, peper en peterselie in een middelgrote kom en zet het opzij.

c) Klop de eieren en de kokosmelk in een aparte middelgrote kom door elkaar.

d) Doop elke kipfilet in het eimengsel en bedek ze vervolgens volledig met het amandelmeelmengsel. Leg de beklede kipfilet in een enkele laag op een bakplaat.

e) Bak 30 minuten, draai tussendoor een keer om. Haal uit de oven en laat 5 minuten afkoelen.

f) Doe de kipreepjes in een grote kom en voeg buffalosaus toe. Hussel tot ze helemaal bedekt zijn.

4. Gehaktbrood muffins

Ingrediënten:

- 1 pond rundergehakt

- 1 kopje gehakte spinazie

- 1 groot ei, licht geklopt

- 1/2 kopje geraspte mozzarellakaas

- 1/4 kopje geraspte Parmezaanse kaas

- 1/4 kopje gehakte gele ui

- 2 eetlepels zaadloze en fijngehakte jalapeñopeper

Routebeschrijving:

a) Verwarm de oven voor op 175°C. Vet de holtes van een muffinvorm licht in.

b) Doe alle ingrediënten in een grote kom en meng ze met je handen.

c) Schep een gelijke portie vleesmengsel in elke muffinvorm en druk lichtjes aan. Bak 45 minuten of tot de interne temperatuur 165°F bereikt.

5. Spek avocado hapjes

Ingrediënten:
- 2 grote avocado's, geschild en ontpit
- 8 plakjes spek zonder toegevoegde suiker
- $^1/_2$ theelepel knoflookzout

Routebeschrijving:

a) Verwarm de oven voor op 220°C. Bekleed een bakplaat met bakpapier.

b) Snijd elke avocado in 8 even grote plakjes, in totaal 16 plakjes.

c) Snijd elk stukje spek doormidden. Wikkel een half plakje spek om elk stukje avocado. Bestrooi met knoflookzout.

d) Leg de avocado op een bakplaat en bak 15 minuten. Zet de oven op grillen en bak nog 2-3 minuten tot de bacon knapperig wordt.

6. Pizzahapjes

Ingrediënten:
- 24 plakjes suikervrije pepperoni
- 1/2 kopje marinara - saus
- 1/2 kopje geraspte mozzarellakaas

Routebeschrijving:

a) Zet de grill van de oven aan.

b) Bekleed een bakplaat met bakpapier en leg de plakjes pepperoni in een enkele laag erop.

c) Doe 1 theelepel marinara saus op elke pepperoni plak en smeer uit met een lepel. Voeg 1 theelepel mozzarella kaas toe bovenop de marinara.

d) Plaats de bakplaat in de oven en gril gedurende 3 minuten, of tot de kaas gesmolten en lichtbruin is.

e) Haal het deeg van de bakplaat en leg het op een met keukenpapier beklede bakplaat om overtollig vet te absorberen.

7. Spek- en bosuihapjes

Ingrediënten:

- 1/3 kopje amandelmeel

- 1 eetlepel ongezouten boter, gesmolten

- 1 (8-ounce) verpakking roomkaas, op kamertemperatuur gebracht

- 1 eetlepel spekvet

- 1 groot ei

- 4 plakjes spek zonder toegevoegde suiker, gekookt, afgekoeld en in stukjes verkruimeld

- 1 grote groene ui, alleen de bovenkant, in dunne plakjes gesneden

- 1 teentje knoflook, fijngehakt

- 1/8 theelepel zwarte peper

Routebeschrijving:

a) Verwarm de oven voor op 160°C.

b) Meng het amandelmeel en de boter in een kleine mengkom.

c) Bekleed 6 cups van een standaard muffinvorm met cupcakevormpjes. Verdeel het amandelmeelmengsel gelijkmatig over de cups en druk het zachtjes in de bodem met de achterkant van een theelepel. Bak 10 minuten in de oven en haal het er dan uit.

d) Terwijl de korst bakt, meng je roomkaas en spekvet grondig in een middelgrote mengkom met een handmixer. Voeg ei toe en meng tot het gemengd is.

e) Meng het spek, de ui, de knoflook en de peper met een spatel door het roomkaasmengsel.

f) Verdeel het mengsel over de cups, zet terug in de oven en bak nog 30-35 minuten tot de kaas hard wordt. De randen kunnen lichtbruin zijn. Om te testen of de cheesecake gaar is, steek je een tandenstoker in het midden. Als deze er schoon uitkomt, is de cheesecake klaar.

g) Laat 5 minuten afkoelen en serveer.

8. **Kiphapjes omwikkeld met spek**

Ingrediënten:
- ³/₄ pond kipfilet zonder bot en vel, in blokjes van 2,5 cm gesneden
- ½ theelepel zout
- ½ theelepel zwarte peper
- 5 plakjes spek zonder toegevoegde suiker

Routebeschrijving:

a) Verwarm de oven voor op 190°C.

b) Meng de kip met zout en peper.

c) Snijd elke plak bacon in 3 stukken en wikkel elk stuk kip in een stuk bacon. Zet vast met een tandenstoker.

d) Leg de ingepakte kip op een grillrek en bak 30 minuten, halverwege omdraaien. Zet de oven op grillen en grill 3-4 minuten of tot het spek knapperig is.

9. Spek-oesterhapjes

Ingrediënten:

- 8 plakjes Spek
- ½ kopje Kruidige vulling
- 1 blikje (5-oz) oesters; gehakt
- ¼ kopje Water

Routebeschrijving:

a) Verwarm de oven voor op 350ø. Snijd de plakjes spek doormidden en bak ze lichtjes. NIET TE LANG GEKOOKT.

b) Spek moet zacht genoeg zijn om makkelijk om ballen te rollen. Meng de vulling, oesters en water.

c) Rol er ongeveer 16 kleine balletjes van.

d) Wikkel de ballen in spek. Bak ze 25 minuten op 350ø. Serveer ze warm.

10. Buffelbloemkoolhapjes

Ingrediënten:

- 1 kopje amandelmeel

- 1 theelepel gekorrelde knoflook

- 1/2 theelepel gedroogde peterselie

- 1/2 theelepel zout

- 1 groot ei

- 1 grote bloemkool, in kleine roosjes gesneden

- 1/2 kopje Frank 's Red hot saus

- 1/4 kopje ghee

Routebeschrijving:

a) Verwarm de oven voor op 200°C. Bekleed een bakplaat met bakpapier.

b) Doe het amandelmeel, de knoflook, de peterselie en het zout in een grote afsluitbare plastic zak en schud het geheel tot het gemengd is.

c) Klop het ei in een grote kom. Voeg bloemkool toe en hussel tot het helemaal bedekt is.

d) Doe de bloemkool in een zak met het amandelmeelmengsel en meng alles goed door elkaar.

e) Leg de bloemkool in één laag op de bakplaat en bak gedurende 30 minuten, of tot de bloemkool zacht en lichtbruin is.

f) Terwijl de bloemkool in de oven staat, meng je de hete saus en de ghee in een kleine pan op laag vuur.

g) Wanneer de bloemkool gaar is, doe je de bloemkool met het hete sausmengsel in een grote mengkom en roer je het geheel goed door elkaar.

11. Chocolade Chili Mini Churros

Ingrediënten:

- 1 kopje water
- 1/2 kopje kokosolie of veganistische boter
- 1 kopje bloem
- 1/4 theelepel zout
- 3 eieren, geklopt
- Kaneelsuikermengsel
- 1/2 kopje suiker1 eetlepel kaneel

Routebeschrijving:

a) Verwarm de oven voor op 200 °C. Doe het water, de kokosolie/boter en het zout in een pan en breng aan de kook.

b) Roer de bloem erdoor en blijf snel roeren tot het mengsel een bal vormt.

c) Roer de eieren er langzaam doorheen, beetje bij beetje. Blijf voortdurend roeren, zodat de eieren niet stollen.

d) Laat het beslag iets afkoelen en doe het dan in een spuitzak.

e) Spuit churros van 7,5 cm lang in rijen op de ingevette bakplaat.

f) Bak ze 10 minuten in de oven op 200 graden en gril ze daarna 1-2 minuten op hoge temperatuur, tot de churros goudbruin zijn.

g) Meng ondertussen de kaneel en de suiker in een schaaltje.

h) Zodra de churros uit de oven komen, rol je ze door het kaneel-suikermengsel tot ze helemaal bedekt zijn. Opzij zetten.

12. Bouillabaisse hapjes

Ingrediënten:
- 24 middelgrote garnalen -- gepeld en
- Ontdaan
- 24 middelgrote zeeschelpen
- 2 kopjes tomatensaus
- 1 blikje fijngehakte mosselen (170 g)
- 1 eetlepel Pernod
- 20 milliliter
- 1 laurierblad
- 1 theelepel basilicum
- ½ theelepel zout
- ½ theelepel versgemalen peper
- Knoflook - fijngehakt
- Saffraan

Routebeschrijving:
a) Rijg de garnalen en sint-jakobsschelpen op bamboestokjes van 20 cm, met 1

garnaal en 1 sint-jakobsschelp per stokje. Wikkel de staart van de garnaal rond de sint-jakobsschelp.

b) Meng tomatensaus, mosselen, Pernod, knoflook, laurierblad, basilicum, zout, peper en saffraan in een pan. Breng het mengsel aan de kook.

c) Leg de visspiesjes in een ondiepe ovenschaal.

d) Besprenkel de spiesjes met saus. Bak ze, onafgedekt, 25 minuten op 350 graden. Voor 24

13. Bloemkool cups

Ingrediënten:

- 1 1/2 kopje bloemkoolrijst
- 1/4 kopje gesneden ui
- 1/2 kopje geraspte peperjackkaas
- 1/2 theelepel gedroogde oregano
- 1/2 theelepel gedroogde basilicum
- 1/2 theelepel zout
- 1 groot ei, licht geklopt

Routebeschrijving:

a) Verwarm de oven voor op 175°C.

b) Doe alle ingrediënten in een grote mengkom en roer tot ze goed gemengd zijn.

c) Schep het mengsel in de holtes van een mini-muffinvorm en druk het lichtjes aan.

d) Bak 30 minuten of tot de cups knapperig beginnen te worden. Laat ze iets afkoelen en haal ze uit de vorm.

14. Macaroni en kaas cups

Ingrediënten:
- 8 oz elleboog macaroni
- 2 eetlepels gezouten boter
- 1/4 theelepel paprika (gebruik gerookte paprika als je dat hebt)
- 2 eetlepels bloem
- 1/2 kopje volle melk
- 8 oz scherpe cheddar kaas geraspt
- gehakte bieslook of bosui voor garnering
- boter om de pan in te vetten

Routebeschrijving:

a) Vet een antiaanbak: mini muffin pan goed in met boter of antiaanbak: bakspray. Verwarm de oven voor op 400 graden F.

b) Breng een pan met gezouten water op hoog vuur aan de kook en kook de pasta 2 minuten korter dan op de verpakking staat.

c) Smelt de boter en voeg de paprika toe. Voeg de bloem toe en roer het mengsel 2 minuten. Voeg de melk toe terwijl je klopt.

d) Haal de pan van het vuur en voeg de kaas en de uitgelekte pasta toe. Roer alles goed door elkaar tot de kaas en de saus goed verdeeld zijn.

e) Verdeel de macaroni met kaas over de muffinvormpjes, met een lepel of een koekjeslepel van 3 eetlepels.

f) Bak de macaroni en kaas cups 15 minuten, tot ze bubbelen en smeuïg zijn.

15. Bologna quiche cups

Ingrediënten:
- 12 plakjes worst
- 2 eieren
- ½ kopje koekjesmix
- ½ kopje geraspte scherpe kaas
- ¼ kopje zoete augurkenrelish
- 1 kopje melk

Routebeschrijving:

a) Leg de plakjes worst in licht ingevette muffinvormpjes.

b) Meng de overige ingrediënten. Giet in bologna cups.

c) Bak het 20-25 minuten op 200°C, of tot het goudbruin is.

16. Muffin-prosciuttobeker

Ingrediënten:
- 1 plakje prosciutto (ongeveer $^{1/2}{}_{ounce}$)
- 1 middelgrote eidooier
- 3 eetlepels in blokjes gesneden Brie
- 2 eetlepels in blokjes gesneden mozzarellakaas
- 3 eetlepels geraspte Parmezaanse kaas

Routebeschrijving:

a) ° C. Neem een muffinvorm met holtes van ongeveer 6 $_{cm}{}^{breed}$ en 3 ^{cm} diep .

b) Vouw de plak prosciutto dubbel zodat het bijna vierkant wordt. Doe het in de muffinvorm zodat het helemaal bedekt is.

c) Doe de eidooier in het prosciutto-schaaltje.

d) Voeg voorzichtig de kaas toe aan de eidooiers, zonder dat de dooiers stukgaan.

e) Bak ongeveer 12 minuten, tot de dooier gaar en warm is, maar nog wel zacht.

f) Laat 10 minuten afkoelen voordat u ze uit de muffinvorm haalt.

17. Spruitjesbekers

Ingrediënten:
- 12 middelgrote spruitjes
- 170 gram Yukon Gold- aardappelen
- 2 eetlepels Magere melk
- 1 eetlepel Olijfolie
- $\frac{1}{8}$ theelepel Zout
- 2 ons gerookte forel, zonder vel
- 1 Geroosterde rode paprika, in reepjes van 5 x 3 mm gesneden

Routebeschrijving:
a) Verwarm de oven voor op 350

b) Snijd de stelen bij, halveer ze in de lengte en verwijder de kern, zodat er donkergroene blaadjes overblijven.

c) Stoom de spruitjes gedurende 6 minuten of tot ze zacht zijn als je er met een scherp mes in prikt en nog heldergroen zijn.

d) Laat ondersteboven uitlekken op keukenpapier. Kook de aardappelen tot ze zacht zijn, giet ze af, voeg melk, olijfolie en zout toe.

e) Klop tot een glad mengsel. Spatel de forel er voorzichtig doorheen. +$\frac{1}{4}$> Schep in de schelpen en leg de reepjes peper erop.

18. Witlofbekers

Ingrediënten:
- 1 groot hardgekookt ei, gepeld
- 2 eetlepels tonijn uit blik in olijfolie, uitgelekt
- 2 eetlepels avocadopulp
- 1 theelepel vers limoensap
- 1 eetlepel mayonaise
- $1/8$ theelepel zeezout
- $1/8$ theelepel zwarte peper
- 4 blaadjes witlof, gewassen en gedroogd

Routebeschrijving:

a) Meng alle ingrediënten, behalve de witlof, in een kleine keukenmachine tot ze goed gemengd zijn.

b) Schep 1 eetlepel tonijnmengsel op elk witlofkopje.

19. Taco-bekers

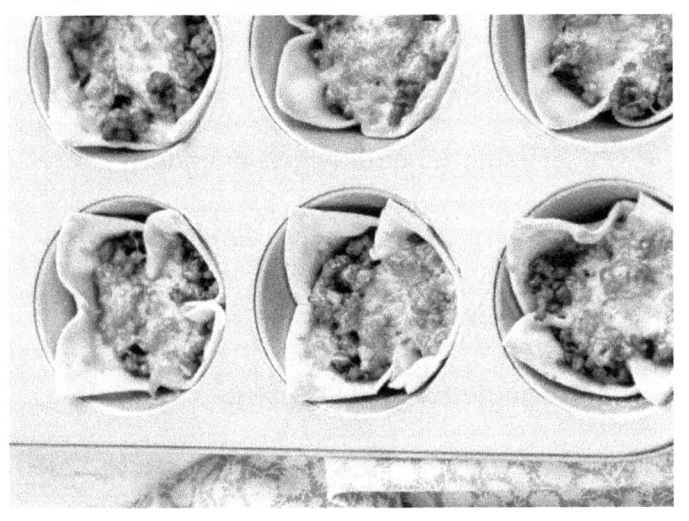

Ingrediënten:

- Chilipoeder , komijn, paprika
- Zout , zwarte peper
- $1/4$ theelepel gedroogde oregano
- $1/4$ theelepel gemalen rode pepervlokken
- $1/4$ theelepel gekorrelde knoflook
- $1/4$ theelepel gekorrelde ui
- 1 pond 75% mager rundergehakt
- 8 (1-ounce) plakjes scherpe Cheddar kaas
- $1/2$ kopje salsa zonder toegevoegde suiker
- $1/4$ kopje gehakte koriander
- 3 eetlepels Frank's Red-hot saus

Routebeschrijving:

a) Verwarm de oven voor op 190°C. Bekleed een bakplaat met bakpapier.

b) Meng de kruiden in een kleine kom en roer tot ze gemengd zijn. Bak het rundergehakt in een middelgrote koekenpan op middelhoog vuur. Wanneer het rundvlees bijna gaar is, voeg je het kruidenmengsel toe en roer je tot het volledig bedekt is. Haal van het vuur en zet opzij.

c) Leg plakjes Cheddarkaas op een bakplaat met bakpapier. Bak in de voorverwarmde oven gedurende 5 minuten of tot ze bruin beginnen te worden. Laat 3 minuten afkoelen en pel ze dan van de bakplaat en doe elke plak in de holte van een muffinvorm, zodat er een kopje ontstaat. Laat afkoelen.

d) Schep gelijke hoeveelheden vlees in elk kopje en doe er 1 eetlepel salsa bovenop. Strooi koriander en hete saus erover.

20. Ham en cheddar cups

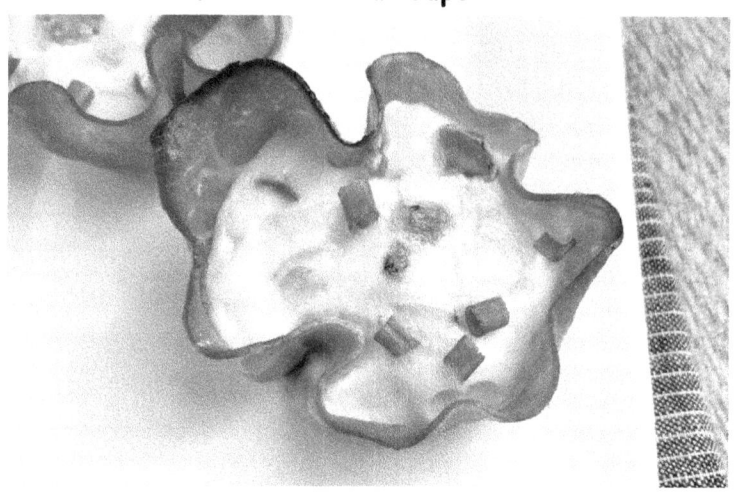

Ingrediënten:
- 2 kopjes Bloem voor alle doeleinden
- ¼ kopje Suiker
- 2 theelepels Bakpoeder
- 1 theelepel Zout
- ¼ theelepel Peper
- 6 eieren
- 1 kopje Melk
- ½ pond volledig gekookte ham; in blokjes
- ½ pond Cheddar kaas; in blokjes of geraspt
- ½ pond Gesneden spek; gekookt en verkruimeld
- 1 klein Ui; fijn gesneden

Routebeschrijving:
a) Meng in een kom de bloem, suiker, bakpoeder, zout en peper. Klop de eieren en melk los; roer door de droge

ingrediënten tot ze goed gemengd zijn. Roer de ham, kaas, spek en ui erdoor.

b) Vul goed ingevette muffinvormpjes voor driekwart.

c) Bak gedurende 45 minuten op 350° . Laat 10 minuten afkoelen voordat u het op een rooster legt.

21. Cocktailparty garnalen

Ingrediënten:
- 1 bosje bosuitjes/sjalotten
- ½ grote bos peterselie
- 2 blikjes Hele pimenten
- 2 grote peulen knoflook
- 3 delen slaolie op 1 deel
- Witte azijn
- Zout
- Peper
- Droge mosterd
- Rode peper
- 5 pond Gekookte gepelde schoongemaakte
- Garnalen of ontdooid bevroren

Routebeschrijving:
a) Hak de groenten fijn in een keukenmachine of blender. Voeg toe aan het olie/azijnmengsel. Meng goed. Breng op smaak met andere kruiden.

b) Giet het mengsel over de garnalen, draai het een paar keer om. Zet het minstens 24 uur in de koelkast, af en toe roeren. Giet de vloeistof af om te serveren. Serveer met tandenstokers.

22. Cocktail wortelstokjes

Ingrediënten:
- 1½ kopje Suiker
- 3 eetlepels Zout
- 2 liter witte azijn
- 2 eetlepels Mosterdzaadjes
- 2 eetlepels Selderij zaden
- 1 eetlepel Dille zaden
- 2 theelepels Basilicum gedroogd
- 1 theelepel Hete pepervlokken
- 5 pond wortelen
- 5 takjes dille

Routebeschrijving:

a) Meng suiker, zout en azijn in een kleine glazen pan en breng aan de kook; bewaar. Meng de overige ingrediënten behalve de wortels en dilletakjes; bewaar.

b) Julienne wortelen (½-inch vierkant) en snijd ze in lengtes die in potten passen. Verwarm het azijnmengsel opnieuw, voeg

1 theelepel kruiden en ½ kopje van het azijnmengsel toe aan elke pot.

c) Verpak de wortels verticaal en laat daarbij 0,6 cm ruimte over. Leg er een takje dille op en vul de potten met het azijnmengsel.

d) Sluit af en verwerk gedurende 5 minuten in een kokendwaterbad.

23. Cocktail soezen

Ingrediënten:
- ½ kopje Boter
- 1 kopje Meel
- 4 eieren
- 1 kopje Kokend water
- 2 eetlepels Boter
- 1 kopje Pecannoten, gehakt
- 1½ kopje Kip, gekookt
- ¼ theelepel Zout
- 3 ons roomkaas
- ¼ kopje Mayonaise
- ¼ theelepel Citroenschil

Routebeschrijving:
a) Meng boter en kokend water in een pan. Voeg bloem en zout toe, kook ongeveer 2 minuten of tot het een zachte bal vormt. Voeg eieren toe, één voor één, en klop goed.

b) Laat theelepels van het mengsel op een ingevette bakplaat vallen. Bak 20 - 22 minuten op 425 graden. Laat afkoelen op een rek.

c) Smelt boter in een koekenpan; voeg pecannoten toe en bak op laag vuur tot ze bruin zijn. Laat afkoelen en meng de overige ingrediënten. Gebruik om soezen mee te vullen.

d) Snijd een plakje van de bovenkant van de bladerdeeg en vul met kipvulling. Plaats de bovenkanten terug.

24. Cocktail kebabs

Ingrediënten:

- 8 grote Garnalen, gekookt
- 2 bosuitjes, schoongemaakt
- ½ Rode paprika, zaadjes verwijderd, in dunne reepjes gesneden
- 8 kleine rijpe of groene olijven
- 1 b Knoflookteen, geplet
- 2 eetlepels Citroensap
- 2 eetlepels Olijfolie
- 1 theelepel Suiker
- 1 theelepel Grof gemalen mosterd
- ¼ theelepel Romige mierikswortel

Routebeschrijving:

a) Verwijder de kop en het pantser van de garnalen, maar laat de staartpantsers eraan zitten.

b) Haal de garnalen uit de darm door het zwarte ruggenmerg te verwijderen. Snijd elke groene ui in 4 madeliefjes. Doe de garnalen, groene uien, paprika en olijven in een kom.

c) Meng knoflook, citroensap, olijfolie, suiker, mosterd en mierikswortel.

d) Giet het garnalenmengsel erover, dek af en laat minstens 2 uur marineren, af en toe roeren. Haal de ingrediënten uit de marinade en rijg ze gelijkmatig aan 8 houten prikkers. Laat uitlekken op keukenpapier.

25. Cocktail waterkastanjes

Ingrediënten:
- 8½ ounce blik waterkastanjes
- Bewaar 1/2 kopje vloeistof
- ½ kopje Azijn
- 12 plakjes spek, gehalveerd
- ¼ kopje Bruine suiker
- ¼ kopje Ketchup

Routebeschrijving:

a) Laat de kastanjes 1 uur marineren in het vocht en de azijn. Laat ze uitlekken.

b) Meng bruine suiker en ketchup; smeer het vervolgens op spek. Rol kastanjes in spek. Zet vast met tandenstokers.

c) Grill tot het spek knapperig is.

26. Cocktailworstjes

Ingrediënten:
- ¾ kopje Bereide mosterd
- 1 kopje Aalbessengelei
- 1 pond (8-10) frankfurters Worstjes

Routebeschrijving:
a) Meng de mosterd en de bessengelei in een warmhoudschaal of au bain-marie.

b) Snijd de frankfurters diagonaal in hapklare stukken. Voeg toe aan de saus en verwarm.

27. Cocktailrogge-hors d'oeuvres

Ingrediënten:
- 1 kopje mayonaise
- 1 kopje Geraspte scherpe cheddarkaas
- ½ kopje Parmezaanse kaas
- 1 kopje Gesneden groene uien
- Cocktail roggebrood sneetjes

Routebeschrijving:
a) Meng de mayonaise, kaas en uien. Schep ongeveer 1½ eetlepel (of meer) op elke boterham.

b) Leg ze op een bakplaat en zet ze onder de grill tot ze beginnen te bubbelen. Let op dat ze niet verbranden.

VLEES- EN GROENTEBALLS

28. Bacon-jalapeñoballetjes

Ingrediënten:

- 5 plakjes spek zonder toegevoegde suiker, gebakken, vet bewaard

- $^1/_4$ kopje plus 2 eetlepels (3 ons) roomkaas

- 2 eetlepels overgebleven spekvet

- 1 theelepel zaadloze en fijngehakte jalapeñopeper

- 1 eetlepel fijngehakte koriander

Routebeschrijving:

1. Snijd het spek op een snijplank in kleine kruimels.

2. Meng de roomkaas, spekvet, jalapeño en koriander in een kleine kom. Meng het geheel goed met een vork.

3. Vorm van het mengsel 6 ballen.

4. Leg de verkruimelde spekjes op een middelgroot bord en rol de individuele balletjes erdoorheen, zodat ze gelijkmatig bedekt zijn.

5. Direct serveren of maximaal 3 dagen in de koelkast bewaren.

29. Avocado-prosciuttoballetjes

Ingrediënten:

- 1/2 kopje macadamianoten
- 1/2 grote avocado, geschild en ontpit (ongeveer 113 gram vruchtvlees)
- 1 ons gekookte prosciutto, verkruimeld
- 1/4 theelepel zwarte peper

Routebeschrijving:

a) In een kleine keukenmachine, pulseer macadamianoten tot ze gelijkmatig verkruimeld zijn. Verdeel in tweeën.

b) Doe de avocado, de helft van de macadamianoten, de prosciuttokruimels en de peper in een kleine kom en meng het geheel goed met een vork.

c) Vorm van het mengsel 6 ballen.

d) Leg de overige verkruimelde macadamianoten op een middelgroot bord en rol de individuele balletjes erdoorheen, tot ze gelijkmatig bedekt zijn.

e) Direct serveren.

30. Barbecueballen

Ingrediënten:

- 113 gram ($_{1/2}{}^{kopje}$) roomkaas

- 4 eetlepels spekvet

- $^{1/2}{}_{theelepel}$ rookaroma

- 2 druppels steviaglyceriet

- $^1/_8$ theelepel appelazijn

- 1 eetlepel zoete gerookte chilipoeder

Routebeschrijving:

a) Doe alle ingrediënten, behalve de chilipoeder, in een kleine keukenmachine en maal ze ongeveer 30 seconden tot een gladde crème.

b) Schraap het mengsel en doe het in een kleine kom. Zet het 2 uur in de koelkast.

c) Vorm er met behulp van een lepel 6 balletjes van.

d) Bestrooi de balletjes met chilipoeder en rol ze rond, zodat alle kanten bedekt zijn.

e) Direct serveren of maximaal 3 dagen in de koelkast bewaren.

31. Pannenkoekballetjes met spek en esdoornsiroop

Ingrediënten:
- 5 plakjes spek zonder toegevoegde suiker, gebakken
- 113 gram ($1/2$ kopje) roomkaas
- $1/2$ theelepel esdoornaroma
- $1/4$ theelepel zout
- 3 eetlepels gemalen pecannoten

Routebeschrijving:

a) Snijd het spek op een snijplank in kleine kruimels.

b) Meng in een kleine kom de roomkaas en de verkruimelde spekjes met de ahornsiroop en het zout. Meng het geheel goed met een vork.

c) Vorm van het mengsel 6 ballen.

d) Leg de gemalen pecannoten op een middelgroot bord en rol de individuele balletjes erdoorheen, tot ze gelijkmatig bedekt zijn.

e) Direct serveren of maximaal 3 dagen in de koelkast bewaren.

32. Zonneboterballetjes

Ingrediënten:
- 6 eetlepels mascarponekaas
- 3 eetlepels zonnebloempittenboter zonder toegevoegde suiker
- 6 eetlepels kokosolie, zacht gemaakt
- 3 eetlepels ongezoete geraspte kokosvlokken

Routebeschrijving:

a) Meng in een middelgrote kom de mascarpone, zonnebloempittenpasta en kokosolie tot er een gladde pasta ontstaat.

b) Vorm de pasta tot walnootgrote ballen. Als het mengsel te plakkerig is, leg het dan 15 minuten in de koelkast voordat je de ballen vormt.

c) Verdeel de kokosvlokken over een middelgroot bord en rol de individuele balletjes erdoorheen, tot ze gelijkmatig bedekt zijn.

33. Braziliaanse uienhapjes

Ingrediënten:

- 1 klein Ui 1/4 in de lengte gesneden

- 6 eetlepels mayonaise

- Zout en peper

- 6 sneetjes brood – korstjes verwijderd

- 3 eetlepels Parmezaanse kaas - geraspt

Routebeschrijving:

a) Verwarm de oven voor op 350. Meng de ui met 5 eetlepels mayonaise en zout en peper naar smaak. Zet apart. Besmeer 3 sneetjes brood aan één kant met de resterende mayonaise . Snijd deze in vieren.

b) Snijd de overige 3 sneetjes brood in kwarten en bestrijk elk vierkant gelijkmatig met het uienmengsel. Bedek met de overgebleven broodvierkanten, met de mayonaisekant naar boven. Leg deze op een bakplaat en bestrooi de bovenkanten rijkelijk met parmezaanse kaas.

c) Bak tot het licht goudbruin en lichtjes bol staat, ongeveer 15 minuten. Serveer direct.

34. Pizzaballen

Ingrediënten:

- $^{1/4}$ kopje (2 ons) verse $_{mozzarellakaas}$

- $_2$ ons ($^{1/4}$ kopje) roomkaas

- 1 eetlepel olijfolie

- 1 theelepel tomatenpuree

- 6 grote kalamata-olijven, ontpit

- 12 verse basilicumblaadjes

Routebeschrijving:

a) Doe alle ingrediënten, behalve de basilicum, in een kleine keukenmachine en maal ze tot een gladde crème, ongeveer 30 seconden.

b) Vorm met behulp van een lepel 6 balletjes van het mengsel.

c) Leg 1 basilicumblaadje op de boven- en onderkant van elk balletje en zet vast met een tandenstoker.

d) Direct serveren of maximaal 3 dagen in de koelkast bewaren.

35. Olijf- en fetaballetjes

Ingrediënten:
- ₂ ons (¹ᐟ⁴ kopje) roomkaas
- ¹/₄ kopje (2 ons) fetakaas
- 12 grote kalamata-olijven, ontpit
- ¹/₈ theelepel fijngehakte verse tijm
- ¹/₈ theelepel verse citroenschil

Routebeschrijving:

a) Doe alle ingrediënten in een kleine keukenmachine en maal ze ongeveer 30 seconden tot een grof deeg.

b) Schraap het mengsel en doe het in een kleine kom. Zet het 2 uur in de koelkast.

c) Vorm er met behulp van een lepel 6 balletjes van.

d) Direct serveren of maximaal 3 dagen in de koelkast bewaren.

36. Brie-hazelnootballetjes

Ingrediënten:
- ¹/² kopje (4 ons) Brie
- ¹/⁴ kopje geroosterde hazelnoten
- ¹/₈ theelepel fijngehakte verse tijm

Routebeschrijving:

a) Doe alle ingrediënten in een kleine keukenmachine en maal ze ongeveer 30 seconden tot een grof deeg.

b) Schraap het mengsel, doe het in een kleine kom en zet het 2 uur in de koelkast.

c) Vorm er met behulp van een lepel 6 balletjes van.

d) Direct serveren of maximaal 3 dagen in de koelkast bewaren.

37. Curry tonijnballetjes

Ingrediënten:
- $^1/_4$ kopje plus 2 eetlepels (3 ons) tonijn in olie, uitgelekt
- $_2$ ons ($^{1/4}$ kopje) roomkaas
- $^1/_4$ theelepel kerriepoeder, verdeeld
- 2 eetlepels verkruimelde macadamianoten

Routebeschrijving:

a) Doe de tonijn, roomkaas en de helft van het kerriepoeder in een kleine keukenmachine en mix dit ongeveer 30 seconden tot een gladde crème.

b) Vorm van het mengsel 6 ballen.

c) Leg de verkruimelde macadamianoten en de rest van het kerriepoeder op een middelgroot bord en rol de individuele balletjes erdoorheen, tot ze gelijkmatig bedekt zijn.

38. Varkensvleesbommen

Ingrediënten:
- 8 plakjes spek zonder toegevoegde suiker
- 8 ons Braunschweiger op kamertemperatuur
- 1/4 kopje gehakte pistachenoten
- 170 gram (3/4 kopje) roomkaas, op kamertemperatuur gebracht
- 1 theelepel Dijonmosterd

Routebeschrijving:

a) Bak bacon in een middelgrote koekenpan op middelhoog vuur tot het knapperig is, 5 minuten per kant. Laat uitlekken op keukenpapier en afkoelen. Verkruimel het in stukjes ter grootte van een klein stukje bacon als het is afgekoeld.

b) Doe de Braunschweiger met de pistachenoten in een kleine keukenmachine en mix tot het geheel net gemengd is.

c) Doe de roomkaas en de Dijonmosterd in een kleine mengkom en klop ze met een staafmixer tot ze gemengd en luchtig zijn.

d) Verdeel het vleesmengsel in 12 gelijke porties. Rol tot balletjes en bedek ze met een dun laagje roomkaasmengsel.

e) Laat het minstens 1 uur afkoelen. Leg de spekjes op een middelgroot bord als je ze wilt serveren, rol de balletjes erdoorheen tot ze gelijkmatig bedekt zijn en geniet ervan.

f) Vetbommen kunnen in een luchtdichte verpakking maximaal 4 dagen in de koelkast bewaard worden.

39. Zoute karamel- en brieballetjes

Ingrediënten:

- 1/2 kopje (4 ons) grofgehakte Brie

- 1/4 kopje gezouten macadamianoten

- 1/2 theelepel karamelsmaak

Routebeschrijving:

a) Doe alle ingrediënten in een kleine keukenmachine en maal ze ongeveer 30 seconden tot een grof deeg.

b) Vorm met behulp van een lepel 6 balletjes van het mengsel.

c) Direct serveren of maximaal 3 dagen in de koelkast bewaren.

40. Cocktailparty gehaktballen

Ingrediënten:
- ¼ kopje Vetvrije kwark
- 2 eiwitten
- 2 theelepels Worcestersaus
- ½ kopje Plus 2 eetlepels gewoon broodkruim
- 8 ons gemalen kalkoenfilet
- 170 gram kalkoenworst; uit de worstvel gehaald
- 2 eetlepels Gehakte uien
- 2 eetlepels Gehakte groene paprika's
- ½ kopje Gesneden verse peterselie en selderijblaadjes

Routebeschrijving:
a) Spuit een bakplaat in met anti-aanbakspray en zet deze opzij.

b) Meng in een grote kom de cottage cheese, eiwitten, worcestersaus en ½ kopje broodkruimels. Roer de kalkoenfilet, kalkoenworst, uien en groene paprika's erdoor.

c) Vorm het gevogeltemengsel tot 32 gehaktballen. Meng op een vel bakpapier de peterselie, selderijblaadjes en de resterende 2 eetlepels broodkruimels. Rol de gehaktballen door het peterseliemengsel tot ze gelijkmatig bedekt zijn.

d) Doe de gehaktballen over op de voorbereide bakplaat. Grill ze 3 tot 4 inch van het vuur gedurende 10 tot 12 minuten .

41. Cocktailkaasballetjes

Ingrediënten:
- 226 gram kaas, zacht
- ¼ kopje Magere yoghurt
- 4 ons versnipperd cheddar kaas
- 113 gram geraspte magere Zwitserse kaas
- 2 theelepels Geraspte ui
- 2 theelepels Bereide mierikswortel
- 1 theelepel Dijonmosterd in landelijke stijl
- ¼ kopje gehakte verse peterselie

Routebeschrijving:
a) Meng kaas en yoghurt in een grote mengkom; klop op de gemiddelde snelheid van een elektrische mixer tot het glad is. Voeg cheddarkaas en de volgende 4 ingrediënten toe; roer goed. Dek af en laat minstens 1 uur afkoelen.

b) Vorm het kaasmengsel tot een bal en bestrooi met peterselie. Druk de peterselie voorzichtig in de kaasbal. Wikkel de kaasbal in stevige plasticfolie en laat afkoelen. Serveer met diverse ongezouten crackers.

GRONDSTOFFEN

42. Rauwkost met relish

Ingrediënten:
- 2 theelepels Olijfolie
- 1 kopje Fijngesneden ui
- 1 eetlepel Gehakte knoflook
- 1 kopje Ingeblikte geplette tomaten
- 1 theelepel Vers citroensap
- ¼ kopje zongedroogde tomaten
- ¼ kopje Groene olijven zonder pit; (ongeveer 10)
- ¼ kopje (verpakte) verse basilicumblaadjes
- 4 grote uitgelekte artisjokharten uit blik
- 2 eetlepels gehakte verse peterselie
- 2 eetlepels geroosterde pijnboompitten
- Diverse groenten

Routebeschrijving:
a) Verhit olie in een middelgrote antiaanbakpan op middelhoog vuur. Voeg ui toe en bak tot het net begint te

verzachten, ongeveer 3 minuten. Voeg knoflook toe; bak 30 seconden. Roer de tomaten uit blik en het citroensap erdoor. Breng aan de kook. Haal van het vuur.

b) Meng zongedroogde tomaten en de volgende 5 ingrediënten in de keukenmachine. Gebruik aan/uit-draaiingen en maal tot de groenten fijngehakt zijn. Doe over in een middelgrote kom. Roer het tomatenmengsel erdoor. Breng op smaak met zout en peper.

43. Groene en witte rauwkost

Ingrediënten:

- ½ kopje Gewone yoghurt
- ½ kopje Zure room
- ½ kopje Mayonaise
- 1½ theelepel Witte wijnazijn; of naar smaak
- 1½ theelepel Grofkorrelige mosterd
- 1 grote Knoflookteen; fijngehakt en geplet
- 1 theelepel Anijszaad; geplet
- 2 theelepels Pernod; of naar smaak
- 1½ eetlepel Fijngehakte dragonblaadjes
- 12 kopjes Diverse rauwkost

Routebeschrijving:

a) Meng in een kom alle ingrediënten behalve de kruiden met zout en peper naar smaak. Laat de dip, afgedekt, minstens 4 uur en maximaal 4 dagen afkoelen. Roer vlak voor het serveren de dragon en kervel erdoor.

b) Schik de rauwkost decoratief op een serveerschaal of in een grote mand en serveer met de dip.

44. Koolrabi rauwkost

Ingrediënten:
- ½ kopje Sojasaus; licht
- ½ kopje Rijstazijn
- 1 theelepel Sesamzaadjes; geroosterd
- 1 eetlepel Bosuitjes; fijngehakt
- 4 kopjes Koolraap plakjes; in stukken gesneden

Routebeschrijving:
a) Meng sojasaus, azijn, sesamzaadjes en bosuitjes.

b) Serveer in een kom omringd door stukjes koolraap. Zorg voor prikkers om te eten.

45. Remoulade met rauwkost van groenten

Ingrediënten:
- ½ kopje Creoolse of bruine mosterd
- ½ kopje Slaolie
- ¼ kopje Ketchup
- ¼ kopje Appelazijn
- ¼ theelepel Tabasco-saus
- 2 eetlepels Fijngesneden selderij
- 2 eetlepels Fijngesneden ui
- 2 eetlepels Fijngehakte groene paprika
- Cherrytomaatjes
- Paddestoelenschijfjes
- Komkommerschijfjes
- Selderij plakjes
- Wortelschijfjes

Routebeschrijving:

a) Meng de mosterd, olie, ketchup, azijn, tabasco en de gesneden groenten. Dek af en laat afkoelen.

b) Serveer de dip met hele en in plakjes gesneden groenten.

46. Skelet crudite

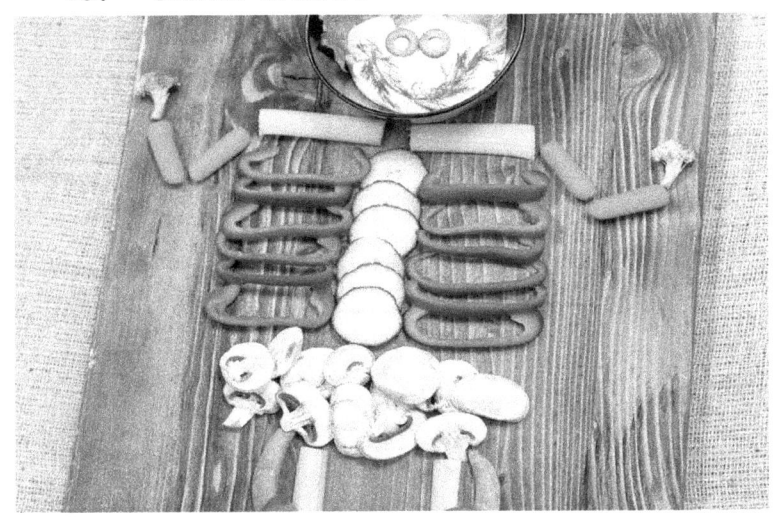

Ingrediënten:

- 3 kopjes Magere yoghurt
- 1 kopje Mayonaise
- ½ kopje Perzikenjam
- 1 theelepel sinaasappelsap
- ½ theelepel Kerriepoeder
- ½ theelepel Peper.

Skelet Ingrediënten

- 1 courgette in de lengte gehalveerd
- 1 gele pompoen, gehalveerd
- 6 stengels bleekselderij in de lengte gehalveerd
- 1 komkommer in partjes gesneden
- 1 wortel in reepjes gesneden
- 10 kleine worteltjes
- 1 rode peper in 5 cm dikke reepjes gesneden

- 1 gele paprika, in 5 cm dikke reepjes gesneden

- 2 broccoliroosjes / 2 bloemkoolroosjes

- 10 peultjes / 2 cherrytomaatjes

- 2 champignons / 1 radijs

- 4 sperziebonen / 2 gele bonen

Routebeschrijving:

a) Roer 3 kopjes magere yoghurt, 1 kopje mayonaise, $\frac{1}{2}$ kopje perzikjam, 1 eetlepel sinaasappelsap, $\frac{1}{2}$ theelepel kerriepoeder en $\frac{1}{2}$ theelepel peper door elkaar in een schedelgrote kom of een uitgeholde krop sla. Zet in de koelkast.

b) Skelet in elkaar zetten

47. Pittige winterse rauwkost

Ingrediënten:
- 1 rode ui; gepeld en in plakjes gesneden
- 1 Groene paprika; zaadjes verwijderd en in stukken gesneden
- 1 rode of gele paprika; zaadjes verwijderd en in stukken gesneden
- 1 raap; geschild en dun
- 2 kopjes bloemkoolroosjes
- 2 kopjes broccoliroosjes
- 1 kopje Babyworteltjes; schoongemaakt
- ½ kopje dun gesneden radijzen
- 2 eetlepels zout
- 1½ kopje olijfolie
- 1 gele ui; gepeld en fijn; gehakt
- ⅛ theelepel saffraandraadjes
- Snufje kurkuma, gemalen komijn, zwarte peper, paprika, cayennepeper, zout

Routebeschrijving:

a) Doe de voorbereide groenten in een grote kom, bestrooi ze met 2 eetlepels zout en voeg het koude water toe.

b) De volgende dag, laat de groenten uitlekken en spoel ze af. Maak de marinade door de ui, kruiden en zout 10 minuten te laten sudderen in de olijfolie.

c) Verdeel de groenten in een 9 x 13 inch schaal. Giet de hete marinade erover.

d) Giet het mengsel in een mooie schaal en serveer het koud of op kamertemperatuur.

48. Driekleurige rauwkostschotel

Ingrediënten:

- ¼ kopje Plus 1 eetlepel rode wijnazijn
- 3 eetlepels Dijonmosterd
- ½ kopje Plus 2 eetlepels olijfolie
- 2 eetlepels Gehakte verse basilicum OF
- 2 theelepels Gedroogde basilicum
- 2 eetlepels Gesneden verse bieslook of
- Groene uien
- 1 theelepel Fijngehakte verse rozemarijn
- 2 grote komkommers, geschild,
- 2 theelepels Zout
- 2 grote rauwe bieten, geschild en geraspt
- 2 grote wortels, geschild, geraspt
- 2 grote courgettes, geraspt
- 1 bos radijzen, schoongemaakt

Routebeschrijving:

a) Klop de azijn en Dijonmosterd in een kleine kom tot ze gemengd zijn. Klop er geleidelijk olijfolie door. Meng basilicum, bieslook en rozemarijn erdoor. Breng op smaak met zout en peper.

b) Meng de komkommers en 2 theelepels zout in een kom. Laat 1 uur staan. Spoel en laat goed uitlekken. Doe de komkommers in een kleine kom; voeg genoeg dressing toe om ze te bedekken.

c) Doe de bieten, wortels en courgette in aparte kommen. Meng elke groente met genoeg dressing om ze te bedekken.

49. Groenten op een schaal leggen

Ingrediënten:
- 1 kopje Ingeblikte maïs, uitgelekt
- 1 klein Groene ui, gehakt
- 1 Groene paprika, fijngesneden
- 1 teentje knoflook, fijngehakt
- 1 verse tomaat, fijngehakt
- ¼ kopje Verse peterselie, gehakt
- ¼ kopje Extra vierge olijfolie
- 2 eetlepels balsamicoazijn
- Zout , peper
- 1 Bosui, fijngesneden

Routebeschrijving:

a) Meng maïs met ui, groene paprika, knoflook en tomaat. Meng in een apart klein kommetje of kopje olijfolie en azijn.

b) Giet over de groente, meng met peterselie; kruid met zout en peper. Garneer elke portie met bosuitjes.

DIPS EN SPREADS

50. Krab rangoon dip

Ingrediënten:

- 1 (8-ounce) verpakking roomkaas, op kamertemperatuur gebracht
- 2 eetlepels olijfolie mayonaise
- 1 eetlepel versgeperst citroensap
- 1/2 theelepel zeezout
- 1/4 theelepel zwarte peper
- 2 teentjes knoflook, fijngehakt
- 2 middelgrote groene uien, in blokjes gesneden
- 1/2 kopje geraspte Parmezaanse kaas
- 113 gram (ongeveer 1/2 kopje) wit krabvlees uit blik

Routebeschrijving:

a) Verwarm de oven voor op 175°C.

b) Meng in een middelgrote kom de roomkaas, mayonaise, citroensap, zout en peper met een staafmixer tot het goed gemengd is.

c) Voeg de knoflook, uien, Parmezaanse kaas en krabvlees toe en roer het geheel met een spatel door het mengsel.

d) Doe het mengsel in een ovenschaal en verdeel het gelijkmatig.

e) Bak 30–35 minuten tot de bovenkant van de dip lichtbruin is. Serveer warm.

51. Geitenkaas Guacamole

Porties: 4-6

Ingrediënten

- 2 avocado's
- 3 ons geitenkaas
- schil van 2 limoenen
- citroensap van 2 limoenen
- ¾ theelepel knoflookpoeder
- ¾ theelepel uienpoeder
- ½ theelepel zout
- ¼ theelepel rode pepervlokken (optioneel)
- ¼ theelepel peper

Routebeschrijving:

a) Voeg avocado's toe aan een keukenmachine en mix tot een glad geheel. Voeg de rest van de ingrediënten toe en mix tot ze gemengd zijn.

b) Serveer met chips.

52. Beierse party dip/spread

Opbrengst: 1 1/4 pond

Ingrediënten:
- ½ kopje uien, fijngehakt
- 1 pond Braunschweiger
- 3 ons roomkaas
- ¼ theelepel zwarte peper

Routebeschrijving:

a) Sauteer de uien 8-10 minuten, roer regelmatig; haal van het vuur en laat uitlekken. Verwijder het vel van de Braunschweiger en meng het vlees met de roomkaas tot het glad is. Meng de uien en peper erdoor.

b) Serveer als leverspread op crackers, dun gesneden roggebrood of als dip met diverse verse rauwe groenten zoals wortelen, selderij, broccoli, radijsjes, bloemkool of cherrytomaatjes.

.

53. Gebakken artisjok-feestdip

Ingrediënten:

- 1 groot donker roggebrood
- 2 eetlepels boter
- 1 bosje groene uien; fijngesneden
- 6 teentjes verse knoflook; fijngehakt, tot 8
- 226 gram roomkaas; op kamertemperatuur
- 16 ons Zure room
- 12 ons Geraspte cheddar kaas
- 1 blikje (14 oz.) artisjokharten; uitgelekt en in vieren gesneden (in water verpakt, niet gemarineerd)

Routebeschrijving:

a) Snijd een gat in de bovenkant van het brood van ongeveer 5 inch in diameter. Haal het zachte brood uit het gesneden deel en gooi het weg. Bewaar de korst om de bovenkant van het brood te maken.

b) Schep het meeste van het zachte binnenste gedeelte van het brood eruit en bewaar het voor andere doeleinden, zoals vulling of gedroogd broodkruim. In de boter,

c) Fruit de groene uien en de knoflook tot de uien slap worden. Snijd de roomkaas in kleine stukjes, voeg de uien, knoflook, zure room en cheddar kaas toe. Meng goed. Vouw de artisjokharten erdoor , Doe al dit mengsel in uitgehold brood. Leg de bovenkant op het brood en wikkel het in stevige aluminiumfolie . Bak het in een oven van 350 graden gedurende $1\frac{1}{2}$ uur.

d) Verwijder de folie als het gerecht klaar is en serveer het. Gebruik cocktailroggebrood om de saus in te dippen.

54. Buffelkip dip

Ingrediënten:

- 1 (8-ounce) verpakking roomkaas

- 1/2 kopje Frank 's Red ₋ Hot saus

- 1/4 kopje volle kokosmelk uit blik

- 1 1/2 kopjes versnipperde gekookte kip

- 3/4 kopje geraspte mozzarellakaas, verdeeld

- 1/2 kopje **blauwe** kaaskruimels

Routebeschrijving:

a) Voeg roomkaas toe aan een middelgrote pan en verwarm op middelhoog vuur tot het gesmolten is. Roer de hete saus en kokosmelk erdoor.

b) Voeg de kip toe als het mengsel gemengd is en laat het geheel opwarmen.

c) pan van het vuur en roer er 1/2 kopje mozzarellakaas en verkruimelde blauwe kaas door.

d) Doe het in een 8" × 8" ovenschaal en strooi de resterende mozzarellakaas erover. Bak 15 minuten of tot de kaas bubbelt. Serveer warm.

55. Pizzadip

Ingrediënten:

- 1 (8-ounce) verpakking roomkaas, zacht
- 1/2 kopje gewone Griekse yoghurt
- 1 theelepel gedroogde oregano
- 1/4 theelepel gedroogde basilicum
- 1/2 theelepel gekorrelde ui
- 1/2 theelepel gekorrelde knoflook
- 3/4 kopje pizzasaus zonder toegevoegde suiker
- 1/2 kopje geraspte mozzarellakaas
- 1/4 theelepel zout
- 1/4 theelepel zwarte peper

Routebeschrijving:

a) Verwarm de oven voor op 175°C.

b) Meng roomkaas, yoghurt, oregano, basilicum, ui en knoflook in een middelgrote kom en meng met een handmixer tot alles gemengd is. Verdeel het mengsel over de bodem van een bakvorm van 8" × 8".

c) Verdeel de pizzasaus over het roomkaasmengsel, bestrooi met mozzarellakaas en garneer met zout en peper.

d) Bak afgedekt 15 minuten. Haal het deksel eraf en bak nog eens 10 minuten of tot de kaas goudbruin en bubbelend is.

56. Ranch-duik

Ingrediënten:

- 1 kopje mayonaise
- 1/2 kopje gewone Griekse yoghurt
- 1 1/2 theelepels gedroogde bieslook
- 1 1/2 theelepel gedroogde peterselie
- 1 1/2 theelepel gedroogde dille
- 3/4 theelepel gekorrelde knoflook
- 3/4 theelepel gekorrelde ui
- 1/2 theelepel zout
- 1/4 theelepel zwarte peper

Routebeschrijving:

a) Meng alle ingrediënten in een kleine kom.

b) Laat het 30 minuten in de koelkast staan voordat u het serveert.

57. Pittige garnalen-kaasdip

Ingrediënten:

- 2 plakjes spek zonder toegevoegde suiker
- 2 middelgrote gele uien, geschild en in blokjes gesneden
- 2 teentjes knoflook, fijngehakt
- 1 kopje popcorn garnalen (niet de gepaneerde soort), gekookt
- 1 middelgrote tomaat, in blokjes gesneden
- 3 kopjes geraspte Monterey Jack-kaas
- $1/4$ theelepel Frank's Red-hot saus
- $1/4$ theelepel cayennepeper
- $1/4$ theelepel zwarte peper

Routebeschrijving:

a) Bak de bacon in een middelgrote koekenpan op middelhoog vuur tot hij knapperig is, ongeveer 5-10 minuten. Houd het vet in de pan. Leg de bacon op een papieren handdoek om af te koelen.

Wanneer hij is afgekoeld, verkruimel je de bacon met je vingers.

b) Voeg de ui en knoflook toe aan het spekvet in de koekenpan en bak op middelhoog vuur tot ze zacht en geurig zijn, ongeveer 10 minuten.

c) Doe alle ingrediënten in een slowcooker; roer goed. Kook afgedekt op lage stand 1-2 uur of tot de kaas volledig gesmolten is.

58. Knoflook- en spekdip

Ingrediënten:

- 8 plakjes spek zonder toegevoegde suiker

- 2 kopjes gehakte spinazie

- 1 (8-ounce) verpakking roomkaas, zacht

- 1/4 kopje volle zure room

- 1/4 kopje volle Griekse yoghurt

- 2 eetlepels gehakte verse peterselie

- 1 eetlepel citroensap

- 6 teentjes geroosterde knoflook, geplet

- 1 theelepel zout

- 1/2 theelepel zwarte peper

- 1/2 kopje geraspte Parmezaanse kaas

Routebeschrijving:

a) Verwarm de oven voor op 175°C.

b) Bak bacon in een middelgrote koekenpan op middelhoog vuur tot het knapperig is. Haal bacon uit de pan en leg het op een bord met keukenpapier.

c) Voeg spinazie toe aan de hete pan en kook tot het geslonken is. Haal van het vuur en zet opzij.

d) Doe de roomkaas, zure room, yoghurt, peterselie, citroensap, knoflook, zout en peper in een middelgrote kom en klop met een handmixer tot het geheel gemengd is.

e) Hak spek grof en roer door roomkaasmengsel. Roer spinazie en Parmezaanse kaas erdoor.

f) Doe het mengsel in een bakvorm van 20 x 20 cm en bak het 30 minuten, of tot het heet is en begint te bubbelen.

59. Romige Geitenkaas Pesto Dip

Ingrediënten:

- 2 kopjes verse basilicumblaadjes
- ½ kopje geraspte parmezaanse kaas
- 8 ons geitenkaas
- 1-2 theelepels gehakte knoflook
- ½ theelepel zout
- ½ kopje olijfolie

Routebeschrijving:

a) Meng basilicum, kaas, knoflook en zout in een keukenmachine of blender tot een glad geheel. Voeg olijfolie in een gelijkmatige straal toe en meng tot het gemengd is.

b) Serveer direct of bewaar in de koelkast.

60. Hete pizza Superdip

Ingrediënten:

- Zachte roomkaas
- Mayonaise
- Mozzarella kaas
- Basilicum
- Oregano
- Knoflookpoeder
- Peperoni
- Zwarte olijven
- Groene paprika's

Routebeschrijving:

a) Meng je zachte roomkaas, mayonaise en een beetje mozzarellakaas. Voeg een snufje basilicum, oregano, peterselie en knoflookpoeder toe en roer tot het mooi gemengd is.

b) Vul de diepe taartvorm met het beslag en verdeel het gelijkmatig.

c) Smeer je pizzasaus erop en voeg je favoriete toppings toe. Voor dit voorbeeld voegen we mozzarellakaas, pepperoni, zwarte olijven en groene paprika's toe. Bak op 350 gedurende 20 minuten.

61. Gebakken spinazie-artisjokdip

Ingrediënten:

- 14 oz blik ongemarineerde artisjokharten, uitgelekt en grof gehakt
- 280 gram bevroren, ontdooide gehakte spinazie
- 1 kopje echte mayonaise
- 1 kopje geraspte parmezaanse kaas
- 1 teentje knoflook geperst

Routebeschrijving:

a) Laat de bevroren spinazie ontdooien en knijp hem vervolgens met je handen droog.

b) Roer door elkaar: uitgelekte en gehakte artisjok, uitgeknepen spinazie, 1 kopje mayonaise, 3/4 kopje parmezaanse kaas, 1 geperst teentje knoflook en doe het in een 1-quart ovenschaal of taartvorm. Strooi de resterende 1/4 kopje parmezaanse kaas erover.

c) Bak onafgedekt gedurende 25 minuten op 350°F of tot het helemaal warm is.

Serveer met je favoriete crostini, chips of crackers.

ZOETE LEKKERIJEN

62. Bacon en Geitenkaas Pops

INGREDIËNTEN

- 8 plakjes spek, gebakken tot ze knapperig zijn
- 113 gram geitenkaas
- 113 gram roomkaas (niet opgeklopt!)
- 1 theelepel honing
- 1 theelepel tijm
- 2 eetlepels peterselie, fijngehakt
- 1/2 theelepel versgemalen peper
- 20 gebakken appelchips (je hebt 2 appels nodig)

Routebeschrijving:

a) Dep elk stukje gebakken spek met keukenpapier om vet te verwijderen. Snijd het spek fijn en doe het in een kleine kom. Voeg de tijm, peterselie en versgemalen peper toe en meng alles goed. Zet apart.

b) Doe de geitenkaas, roomkaas en honing in een middelgrote kom. Meng met een vork of houten lepel tot alles goed gemengd is.

c) Rol het geitenkaasmengsel in balletjes ter grootte van een duim. Rol elk van deze balletjes in het spekmengsel. Zet ze apart op een bakplaat. Bewaar de balletjes, afgedekt met een stuk huishoudfolie, in de koelkast tot ze geserveerd worden.

d) Plaats 1 geitenkaasbal op elke gebakken appelchip. Steek een lollystokje in de bovenkant van elke geitenkaasbal

63. Kokosnoot-vanille ijsjes

- 2 kopjes ongezoete kokosroom, gekoeld
- 1/4 kopje ongezoete ~geraspte~ kokosnoot
- 1 theelepel vanille-extract
- 1/4 kopje erythritol of korrelige ~Swerve~

Routebeschrijving:

a) Doe alle ingrediënten in een blender en mix tot alles goed gemengd is, ongeveer 30 seconden.

b) Giet het mengsel in 8 ijsvormpjes en tik op de vormpjes om luchtbellen te verwijderen.

c) Minimaal 8 uur of een nacht in de vriezer bewaren.

d) Haal de ijsjes uit de vormpjes. Als de ijsjes moeilijk te verwijderen zijn, houd de vormpjes dan even onder heet water, dan komen de ijsjes los.

64. Bevroren fudge-ijsjes

Ingrediënt

- 1 pak (3 3/4 oz) chocoladefudge
- Pudding- en taartvulling.
- 2 eetlepels suiker
- 3 kopjes melk

Routebeschrijving:

a) Meng de puddingmix, suiker en melk in een pan. Kook op middelhoog vuur, onder voortdurend roeren, tot het mengsel volledig kookt. Haal van het vuur en laat 5 minuten afkoelen. Roer twee keer. Zet ongeveer 30 minuten in de vriezer om af te koelen en dikker te worden. Schep het mengsel in de 10 papieren bekertjes van 3 oz en steek een houten ijsstokje of plastic lepel in elk bekertje. Bedek elk bekertje met folie nadat u een klein gaatje hebt geknipt dat net groot genoeg is om het stokje of de lepelsteel doorheen te steken.

b) De folie helpt om de stokjes rechtop te houden en voorkomt dat de ijsjes uitdrogen. Vries ze in tot ze stevig zijn.

Snijd de papieren cups weg voordat u ze serveert.

65. Oranje Cranberry ijsjes

Ingrediënt

- 1 blik (6 oz) bevroren sinaasappelsapconcentraat, zacht gemaakt
- 1 blikje water (6 oz)
- 1 pint Vanille-ijs, zacht gemaakt, of 2 bakjes
- Gewone yoghurt
- IJsstokjes
- Bekers

Routebeschrijving:

a) Doe het in een blender.

b) Giet het in vormen, steek er stokjes in en vries het in.

66. Polynesische ijsjes

- 1 kopje magere melk
- 1 zakje ongezoete gelatine
- ½ kopje honing of suiker
- 1 eiwit
- 1¼ kopje abrikozennectar of ananassap uit blik
- ijsstokjes en bekers

Routebeschrijving:

a) Giet melk in de blender en voeg gelatine toe. Laat het een minuut zacht worden voordat je de rest van de ingrediënten toevoegt om te kloppen.

b) Giet het in vormen, steek er stokjes in en vries het in.

67. Perzik Slagroom Creamsicles

- 1 blik (170 g) perziken op lichte siroop of 2 verse rijpe perziken, in plakjes gesneden en ontpit
- 1 kopje slagroom
- 1 theelepel suiker of honing (optioneel)
- ijsstokjes en bekers

Routebeschrijving:

a) Klop de slagroom in een blender gedurende 30-45 seconden. Voeg perziken en honing toe.

b) Roer tot het glad is. Giet in vormen, steek er stokjes in en vries in.

68. Chocoladelolly's

- 1 (8 oz) bakje gewone yoghurt
- 2 eetlepels cacao- of johannesbroodpoeder
- 2 eetlepels bruine suiker of honing
- ijsstokjes en bekers

Routebeschrijving:

a) Doe het mengsel in een blender, giet het in vormpjes, doe er ijsstokjes in en vries het in.

69. Glazen sneeuwkegels

Routebeschrijving:

a) Vries sinaasappelsap (of een ander gearomatiseerd sap) in ijsblokjesvormpjes in. Doe de bevroren sapblokjes in een plastic zak om ze te bewaren.

b) Doe drie tot zes van deze blokjes tegelijk in een blender.

c) Zet de blender aan en uit tot de blokjes een sneeuwachtige consistentie hebben. Schep ze in een beker om te serveren.

d) De hele batch die in één keer wordt gemengd, behoudt zijn carnavalsconsistentie in een bakje in de vriezer. Kinderen kunnen zichzelf bedienen

e) Met een beetje water wordt het een "slush". Zelfs kinderen die niet van sinaasappelsap houden, vinden het lekker.

70. Watermeloen ijsjes

- 1 kopje pitloze watermeloenstukjes
- 1 kopje sinaasappelsap
- 1 kopje waterijsje
- stokjes en bekers

Routebeschrijving:

a) Meng deze ingrediënten in een blender, giet ze in vormen, steek er stokjes in en vries ze in.

b) Dienen

71. Matcha-ijsjes

- 2 kopjes ongezoete kokosroom, gekoeld

- 2 eetlepels kokosolie

- 1 theelepel matcha

- 1/4 kopje erythritol of korrelige Swerve

Routebeschrijving:

a) Doe alle ingrediënten in een blender en mix tot alles goed gemengd is, ongeveer 30 seconden.

b) Giet het mengsel in 8 ijsvormpjes en tik op de vormpjes om luchtbellen te verwijderen.

c) Minimaal 8 uur of een nacht in de vriezer bewaren.

d) Haal de ijsjes uit de vormpjes. Als de ijsjes moeilijk te verwijderen zijn, houd de vormpjes dan even onder heet water, dan komen de ijsjes los.

CANAPÉS

72. Asperges en feta canapés

Ingrediënt

- 20 sneetjes dun witbrood
- 113 gram blauwe kaas
- 8 ons roomkaas
- 1 Ei
- 20 speren asperges uit blik, uitgelekt
- ½ kopje gesmolten boter

Routebeschrijving:

a) Snijd de korsten van het brood en druk ze plat met een deegroller. Meng de kaas en het ei tot een werkbare consistentie en smeer het gelijkmatig uit op elke snee brood. Leg een aspergespeer op elke snee en rol ze op. Doop ze in gesmolten boter om ze goed te bedekken. Leg ze op een bakplaat en vries ze in.

b) Als het stevig bevroren is, snijd het dan in hapklare stukken. (Als u het invriest voor een latere datum, doe de hapklare stukken dan in een diepvrieszakje - laat ze niet ontdooien om te bakken) Leg ze op een bakplaat en bak ze 20 minuten op 200°C.

73. Gebakken zeevruchten canapés

Ingrediënt

- 1 kopje Gekookte zeevruchten, in vlokken
- 6 plakjes Wit brood
- ¼ kopje Boter
- ¼ kopje Cheddar of 1/3 kopje ketchup of chilisaus
- Amerikaanse kaas, geraspt

Routebeschrijving:

a) Rooster het brood aan één kant, snijd de korstjes eraf en snijd het brood doormidden.

b) ongeroosterde zijkanten met boter ; bedek met een laag zeevruchten, dan ketchup en bedek met kaas. Leg de canapés op een bakplaat onder de grill.

c) Grill tot de kaas gesmolten is en de hapjes warm zijn.

d) Voor 12 hapjes .

74. Kaviaarhapjes en hors d'oeuvres

Ingrediënt

- brood gesneden in vormen of Melbas
- eiersalade spread
- een spread van kaviaar, fijngehakte ui en citroen
- sap
- een enkele kleine garnaal als garnering.
- een ring gesneden, rauwe, milde ui

Routebeschrijving:

a) dip een plakje komkommer in de Franse dressing en leg binnen uienring

b) bedek de komkommer met een klein hoopje kaviaar, gekruid met citroen- en uiensap

c) Garneer met kappertjes, bieslook of gekookte eieren.

75. Fromage-chèvre hapjes

Ingrediënt

- 10 kleine rode aardappelen (3/4 pond)
- Groente kookspray
- ¼ theelepel zout
- ¼ kopje magere melk
- 170 gram Chevre (milde geitenkaas)
- 20 blaadjes witlof (3 middelgrote kroppen)
- 10 pitloze rode druiven, gehalveerd
- 1 eetlepel Kaviaar

Routebeschrijving:

a) Stoom de aardappelen, afgedekt, 13 minuten of tot ze zacht zijn. Laat ze afkoelen.

b) Bestrijk de aardappelen lichtjes met kookspray en snijd ze doormidden. Snijd een dun plakje van de onderkant van elke aardappelhelft af en gooi het weg, zodat ze rechtop blijven staan.

c) Bestrooi de aardappelhelften met zout.

d) Doe de melk en de kaas in een kom en roer goed.

e) Doe het mengsel in een spuitzak met een grote stervormige punt; spuit het mengsel op aardappelhelften en in witlofbladeren. Bedek elk witlofblad met een halve druif. Dek af en zet het indien gewenst in de koelkast.

76. Hartige champignons canapés

Ingrediënt

- ¼ kopje gehakte champignons
- ¼ kopje geraspte Monterey Jack-kaas
- ¼ kopje mayonaise
- 3 sneetjes roggebrood
- 1½ theelepel geraspte Parmezaanse kaas

Routebeschrijving:

a) Rooster het roggebrood en snijd het doormidden.

b) Bedek elke helft met het champignon-kaasmengsel, bestrooi met Parmezaanse kaas en bak op 175°C gedurende 15-20 minuten, of tot de kaas bubbelt.

77. Rumaki- hapjes

Ingrediënt

- ½ kopje Water
- 1 theelepel Kippenbouillon
- 250 gram Kippenlevertjes
- 1 eetlepel Shoyu
- ½ theelepel Uienpoeder, droge mosterd
- ¼ theelepel Nootmuskaat
- ¼ kopje Droge sherry
- 1 streepje Peper saus
- 220 gram Waterkastanjes
- 6 Spek

Routebeschrijving:

a) In een 1-quart casserole, combineer water, bouillon en levers. Kook op hoog 4-5 minuten tot niet meer roze. Giet af.

b) Bak het spek op keukenpapier op hoog vuur gedurende 5-6 minuten tot het knapperig is. Verkruimel het en zet het opzij.

c) Doe de levers, shoyu, ui en mosterd, nootmuskaat en sherry in de keukenmachine. Meng tot een glad mengsel. Voeg spaarzaam pepersaus toe. Roer de waterkastanjes en spek erdoor.

d) Smeer het dik op toastdriehoeken of crackers. Bereid het van tevoren voor en verwarm het opnieuw door het op een met papier bekleed bord te leggen. Gebruik medium-hoog vermogen 1-2 minuten tot het helemaal warm is.

e) Garneer met een schijfje olijf of piment.

78. Zalmmousse hapjes

Ingrediënt

- 213 gram rode zalm uit blik, uitgelekt
- 2 ons gerookte zalm, in stukken van 2,5 cm gesneden
- ¼ theelepel Geraspte citroenschil
- 3 eetlepels magere mayonaise
- 1 eetlepel vers citroensap
- ¼ kopje fijngehakte rode paprika
- 2 eetlepels fijngehakte groene uien
- 1 eetlepel fijngehakte verse peterselie
- 1 snufje Versgemalen peper
- 8 sneetjes Party-style pumpernickelbrood
- 8 sneetjes roggebrood in Partystijl
- 4 Rogge-knäckebrödcrackers, doormidden gebroken
- ½ kopje Alfalfa-spruiten

Routebeschrijving:

a) Gooi de huid en graten van de zalm uit blik weg en maak de zalm in stukken met een vork.

b) Plaats het mes in de kom van de keukenmachine; voeg de zalm, gerookte zalm en de volgende 3 ingrediënten toe. Meng tot een glad geheel.

c) Giet in een kom; roer er paprika en de volgende 3 ingrediënten door. Dek af en zet in de koelkast. Opbrengst: 2 dozijn hapjes (portiegrootte: 1 voorgerecht).

79. Met spruitjes gevulde canapés

Ingrediënt

- 1 pakje canapés in de gewenste vorm
- 1 kopje taugé
- ½ kopje fijngehakte ui
- ½ kopje fijngehakte tomaat
- ¼ kopje fijngehakte koriander
- ¼ kopje Fijngehakte gekookte aardappel
- ½ citroen
- Zout naar smaak
- Vers gemalen komijnzaadpoeder
- 4 Groene chilipepers, fijngehakt; (4 tot 5)
- 1 kop Fijne bikaneri sev; (optioneel)
- ½ kopje Tamarindechutney
- ½ kopje groene chutney
- Olie om te frituren of oven om te bakken

Routebeschrijving:

a) Frituur ze tot ze lichtbruin zijn. Laat ze uitlekken op een theedoek. Doe alle canapés en zet ze apart.

b) Meng de ui, tomaat, aardappelen, de helft van de koriander, citroen, zout en groene chilipeper door elkaar. Zet het een tijdje in de koelkast.

c) Vul de canapés voor het serveren met het mengsel , doe er een scheutje van beide chutneys bovenop. Strooi er een snufje zout en komijnpoeder (jeera) over. Garneer met sev en de rest van de koriander.

VOORGERECHTEN SALADES

80. Tonijn-komkommerhapjes

- 2 blikjes tonijn (140 gram) in water verpakt, uitgelekt

- 2 grote hardgekookte eieren, gepeld en in stukjes gesneden

- 1/2 kopje mayonaise

- 1/2 theelepel zout

- 1/2 theelepel zwarte peper

- 2 theelepels geitenkaas

- 1 middelgrote komkommer, in plakjes gesneden

Routebeschrijving:

a) Doe de tonijn in een middelgrote kom met gehakte eieren, mayonaise, zout en peper. Prak met een vork tot het gemengd is.

b) Besmeer elke komkommerplak met een gelijke hoeveelheid geitenkaas en verdeel het tonijnsalademengsel erover.

81. Bietensalade als voorgerecht

Ingrediënt

- 2 pond bieten
- Zout
- ½ elk Spaanse ui, in blokjes gesneden
- 4 tomaten, geschild, ontpit en in blokjes gesneden
- 2 eetlepels azijn
- 8 eetlepels olijfolie
- Zwarte olijven
- 2 elk Knoflookteentjes, fijngehakt
- 4 eetlepels Italiaanse peterselie, gehakt
- 4 eetlepels Koriander, gehakt
- 4 medium Aardappelen, gekookt
- Zout en peper
- Hete rode peper

Routebeschrijving:

a) Snijd de uiteinden van de bieten af. Was ze goed en kook ze in kokend gezouten water tot ze zacht zijn. Laat ze uitlekken en verwijder de schil onder stromend koud water. Snijd ze in blokjes.

b) Meng de ingrediënten voor de dressing.

c) Meng de bieten in een slakom met de ui, tomaat, knoflook, koriander en peterselie. Giet de helft van de dressing erover, hussel voorzichtig en laat 30 minuten afkoelen. Snijd de aardappelen in plakjes, doe ze in een ondiepe kom en hussel met de resterende dressing. Laat afkoelen.

d) Wanneer u klaar bent om te assembleren, schikt u bieten, tomaat en ui in het midden van een ondiepe kom en schikt u aardappelen in een ring eromheen. Garneer met olijven.

82. Curry-eiersalade met witlofcups

Ingrediënt

- 1 groot hardgekookt ei, gepeld
- 1 theelepel kerriepoeder
- 1 eetlepel kokosolie
- $1/8$ theelepel zeezout
- $1/8$ theelepel zwarte peper
- 2 blaadjes witlof, gewassen en gedroogd

Routebeschrijving:

a) Meng alle ingrediënten, behalve de witlof, in een kleine keukenmachine tot ze goed gemengd zijn.

b) Schep 1 eetlepel eiersalademengsel op elk witlofbakje.

c) Direct serveren.

83. Salade met garnalen en Nasturtium als voorgerecht

Ingrediënt

- 2 theelepels vers citroensap
- ¼ kopje olijfolie
- Zout en peper
- 1 kopje gekookte garnalen; gehakt
- 2 eetlepels Gehakte ui
- 1 kleine tomaat; in blokjes
- 1 avocado; in blokjes
- Slablaadjes
- 2 eetlepels gehakte Oost-Indische kersblaadjes
- Oost-Indische kers bloemen

Routebeschrijving:

a) Klop het citroensap en de olie door elkaar. Breng op smaak met zout en peper. Voeg de ui en garnalen toe en meng. Laat 15 minuten staan.

b) Voeg de tomaat, avocado en gehakte nasturtiumbladeren toe. Stapel slabladeren op en omring ze met verse hele nasturtiumbloemen.

84. Courgette salade als voorgerecht

Ingrediënt

- ½ kopje Vers citroensap
- ½ kopje Slaolie
- 1 grote Teentje knoflook
- Zout en peper naar smaak
- 2 snufjes Suiker
- 8 Courgettes
- Slablaadjes
- 2 medium Grootte tomaten
- ½ kleine groene paprika, fijngehakt
- 3 eetlepels Zeer fijn gesneden bosui
- 1 eetlepel Kappertjes
- 1 takje peterselie
- 1 theelepel Basilicum
- ½ theelepel Oregano

Routebeschrijving:

a) Garnering : Meng alle ingrediënten en zet ze apart.

b) Salade: Laat ongeschilde hele courgette ongeveer 5 minuten onafgedekt in gezouten water sudderen. Giet het hete water af en spoel onmiddellijk met koud water om het kookproces te stoppen. Laat uitlekken. Snijd elke courgette in de lengte doormidden.

c) Schep voorzichtig het vruchtvlees eruit . Leg de courgette, met de snijkant naar boven, in een platte, niet-metalen schaal. Bedek met de helft van de dressing.

d) Dek het goed af met aluminiumfolie en zet het in de koelkast om het minimaal 4 uur te laten marineren.

85. Voorgerecht van pepersalade

Ingrediënt

- 6 grote paprika's
- 1 middelgrote ui; grof gesneden
- Zout en peper naar smaak
- 3 eetlepels azijn (meer indien gewenst)
- ¼ kopje olijfolie
- Oregano

Routebeschrijving:

a) Bak de pepers in een hete oven van 450 F gedurende ongeveer 20 minuten of tot ze slap en zacht zijn. Verwijder de zaden en de buitenste schil.

b) In stukken snijden en in een kom doen. Ui, zout en peper toevoegen. Azijn en olijfolie mengen en aan de pepers toevoegen.

c) Bestrooi met oregano. Pas de kruiden indien nodig aan.

86. Antipasto salade voor feestjes

Ingrediënt

- 1 blikje (16 oz.) artisjokharten; uitgelekt/gehalveerd
- 1 pond bevroren spruitjes
- $\frac{3}{4}$ pond Cherrytomaatjes
- 1 pot (160 g) groene Spaanse olijven; uitgelekt
- 1 pot (12 oz.) pepperoncini pepers; uitgelekt
- 1 pond verse champignons; schoongemaakt
- 1 blik (16 oz.) palmharten; optioneel
- 1 pond Pepperoni of salami; in blokjes
- 1 pot (473 gram) zwarte olijven; uitgelekt
- $\frac{1}{4}$ kopje Rode wijnazijn
- $\frac{3}{4}$ kopje Olijfolie
- $\frac{1}{2}$ theelepel Suiker

- 1 theelepel Dijonmosterd
- Zout; naar smaak
- Versgemalen peper; naar smaak

Routebeschrijving:

a) Meng alle ingrediënten voordat u de vinaigrette toevoegt.

b) 24 uur in de koelkast zetten.

87. Roze feestsalade

Ingrediënt

- 1 blikje (nr. 2) gemalen ananas
- 24 grote Marshmallows
- 1 pak Aardbeien Jello
- 1 kopje Slagroom
- 2 kopjes Sm. kwark
- ½ kopje Noten; gehakt

Routebeschrijving:

a) Verwarm sap van ananas met marshmallows en Jello. Koel.

b) Meng slagroom, ananas, kwark en noten. Voeg het eerste mengsel toe en vouw het erdoor.

c) Laat het een nachtje afkoelen.

88. Cajun spam-partysalade

Ingrediënt

- 8 ons pasta in de vorm van een wagenwiel
- 1 blikje Gemarineerde artisjokharten (170 g)
- 1 blikje SPAM Luncheon Meat, in blokjes (12 oz)
- ⅓ kopje Olijfolie
- ¼ kopje Creoolse kruidenmix
- 1 eetlepel Citroensap
- 1 eetlepel Mayonaise of saladedressing
- 1 eetlepel Witte wijnazijn
- 1 kopje In blokjes gesneden paprika
- ½ kopje Gesneden rode ui
- ½ kopje Gesneden rijpe olijven
- Verse basilicum en gedroogde oregano
- ½ theelepel Droge mosterd
- ½ theelepel Gedroogde tijmblaadjes

- 1 teentje knoflook, fijngehakt

Routebeschrijving:

a) Laat de artisjokken uitlekken, bewaar de marinade en snijd ze in vieren.
b) Meng in een grote kom alle salade-ingrediënten. Meng in een blender de overgebleven artisjokmarinade met de overige dressing-ingrediënten.
c) Verwerk tot een gladde massa. Voeg dressing toe aan salade, goed omscheppen. Dek af en laat een paar uur of een nacht afkoelen.

89. Cocktailteriyaki

Ingrediënt

- 3½ pond Mager rundvlees
- 1 kopje Sojasaus
- 3 teentjes knoflook; fijngehakt
- 2 eetlepels Vers geraspte gember
- 1 theelepel Accent

Routebeschrijving:

a) Snijd het rundvlees in blokjes van ½ inch. Meng sojasaus, gember, knoflook en Accent.

b) Laat het mengsel 1 uur mengen. Voeg het toe aan het rundvlees en marineer het een nacht in de koelkast in een plastic zak of ondiepe afgedekte plastic of glazen container, af en toe roerend.

c) Rijg vleesblokjes aan kleine bamboestokjes, ongeveer 4-5 per stokje. Voor ongeveer 70 cocktail spiesjes.

d) Schik de t r actief op een met aluminiumfolie bedekte schaal en laat de gasten ze individueel op de habachi of grill grillen .

CHIPS en CRISPS

90. Prosciutto-chips

Ingrediënt

- 12 plakjes prosciutto (28 gram)
- Olie

Routebeschrijving:

a) Verwarm de oven voor op 175°C.

b) Bekleed een bakplaat met bakpapier en leg de plakjes prosciutto in een enkele laag. Bak 12 minuten of tot de prosciutto knapperig is.

c) Laat het volledig afkoelen voordat u het eet.

91. Bietenchips

Ingrediënt

- 10 middelgrote rode bieten
- 1/2 kopje avocado-olie
- 2 theelepels zeezout
- 1/2 theelepel gekorrelde knoflook

Routebeschrijving:

a) Verwarm de oven voor op 175°C. Bekleed een paar bakplaten met bakpapier en zet ze opzij.

b) Schil de bieten met een groentesnijder en snijd de uiteinden eraf. Snijd de bieten voorzichtig in rondjes van ongeveer 3 mm dik met een mandoline of een scherp mes.

c) Doe de gesneden bieten in een grote kom en voeg olie, zout en gekorrelde knoflook toe. Meng om elke plak te bedekken. Zet 20 minuten apart, zodat het zout overtollig vocht kan verwijderen.

d) Giet overtollige vloeistof af en leg de gesneden bieten in een enkele laag op de voorbereide bakplaten. Bak 45 minuten of tot ze knapperig zijn.

e) Haal uit de oven en laat afkoelen. Bewaar in een luchtdichte container tot u klaar bent om te eten, tot 1 week.

92. Gerst chips

Ingrediënt

- 1 kopje bloem voor alle doeleinden
- ½ kopje gerstemeel
- ½ kopje Gerst (gerst)
- Vlokken)
- 2 eetlepels suiker
- ¼ theelepel zout
- 8 eetlepels (1 stokje) boter of
- Margarine, zacht gemaakt
- ½ kopje Melk

Routebeschrijving:

a) Meng in een grote kom of in de keukenmachine de bloem, gerst, suiker en zout.

b) Voeg de boter toe tot het mengsel op grof meel lijkt. Voeg genoeg melk toe om een deeg te vormen dat bij elkaar blijft in een samenhangende bal.

c) Verdeel het deeg in 2 gelijke porties om uit te rollen. Rol het op een met bloem bestoven oppervlak of een deeglap uit tot $\frac{1}{8}$ tot $\frac{1}{4}$ inch. Snijd het in cirkels of vierkanten van 2 inch en leg het op een licht ingevette of met bakpapier beklede bakplaat. Prik elke cracker op 2 of 3 plaatsen in met de tanden van een vork.

d) Bak 20 tot 25 minuten, of tot ze medium bruin zijn. Laat afkoelen op een rooster.

93. Cheddar mexi-melt chips

Ingrediënt

- 1 kopje geraspte scherpe Cheddar-kaas
- $1/8$ theelepel gekorrelde knoflook
- $1/8$ theelepel chilipoeder
- $1/8$ theelepel gemalen komijn
- $1/16$ theelepel cayennepeper
- 1 eetlepel fijngehakte koriander
- 1 theelepel olijfolie

Routebeschrijving:

a) Verwarm de oven voor op 175°C. Bekleed een bakplaat met bakpapier of een Silpat-mat.

b) Meng alle ingrediënten in een middelgrote kom tot ze goed gemengd zijn.

c) Verdeel het mengsel in porties ter grootte van een eetlepel op de bakplaat.

d) Bak 5-7 minuten tot de randen bruin beginnen te worden.

e) Laat het 2-3 minuten afkoelen voordat u het met een spatel van de bakplaat haalt.

94. Pepperoni-chips

Ingrediënt

- 24 plakjes suikervrije pepperoni
- Olie

Routebeschrijving:

a) Verwarm de oven voor op 220°C.

b) Bekleed een bakplaat met bakpapier en leg de plakjes pepperoni in een enkele laag erop.

c) Bak 10 minuten en haal het dan uit de oven en gebruik een papieren handdoek om overtollig vet weg te deppen. Zet het nog 5 minuten terug in de oven of tot de pepperoni knapperig is.

95. Engelenchips

Ingrediënt

- ½ kopje Suiker
- ½ kopje Bruine suiker
- 1 kopje Verkorting
- 1 Ei
- 1 theelepel Vanille
- 1 theelepel Wijnsteenroom
- 2 kopjes Meel
- ½ theelepel Zout
- 1 theelepel Natriumcarbonaat

Routebeschrijving:

a) Meng suiker, bruine suiker en bakvet. Voeg vanille en ei toe. Meng tot het luchtig is. Voeg de droge ingrediënten toe; meng.

b) Rol theelepels tot balletjes. Doop ze in water en dan in kristalsuiker. Leg ze op een bakplaat, suikerkant naar boven, en druk ze plat met een glas.

c) Bak het 10 minuten op 175 graden.

96. Saté van kipfilets

Ingrediënt

- Huid van 3 grote kippendijen
- 2 eetlepels grove pindakaas zonder toegevoegde suiker
- 1 eetlepel ongezoete kokosroom
- 1 theelepel kokosolie
- 1 theelepel zaadloze en fijngehakte jalapeñopeper
- 1/4 teentje knoflook, fijngehakt
- 1 theelepel kokosaminos

Routebeschrijving:

a) Verwarm de oven voor op 350°F. Leg de vellen zo plat mogelijk op een bakplaat bekleed met bakpapier.

b) Bak 12-15 minuten, totdat de schil lichtbruin en knapperig is. Let op dat de schil niet verbrandt.

c) Haal de schil van de bakplaat en leg ze op keukenpapier om af te koelen.

d) Doe pindakaas, kokosroom, kokosolie, jalapeño, knoflook en kokosaminos in een kleine keukenmachine. Meng tot het goed gemengd is, ongeveer 30 seconden.

e) Snijd elke krokante kip in 2 stukken.

f) Doe 1 eetlepel pindasaus op elke kipcrumble en serveer direct. Als de saus te dun is, zet hem dan 2 uur in de koelkast voordat u hem gebruikt.

97. Kipvel met avocado

Ingrediënt

- Huid van 3 grote kippendijen
- $1/4$ middelgrote avocado, geschild en ontpit
- 3 eetlepels volle zure room
- $1/2$ middelgrote jalapeñopeper, zaadjes verwijderd en fijngehakt
- $1/2$ theelepel zeezout

Routebeschrijving:

a) Verwarm de oven voor op 350°F. Leg de vellen zo plat mogelijk op een bakplaat bekleed met bakpapier.

b) Bak 12-15 minuten, totdat de schil lichtbruin en knapperig is. Let op dat de schil niet verbrandt.

c) Haal de schil van de bakplaat en leg ze op keukenpapier om af te koelen.

d) Meng in een kleine kom de avocado, zure room, jalapeño en het zout.

e) Meng het geheel met een vork tot het goed gemengd is.

f) Snijd elke krokante kip in 2 stukken.

g) Doe 1 eetlepel avocadomix op elke kipchip en serveer direct.

98. Parmezaanse groentechips

Ingrediënt

- $3/4$ kopje geraspte courgette
- $1/4$ kopje geraspte wortelen
- 2 kopjes vers geraspte Parmezaanse kaas
- 1 eetlepel olijfolie
- $1/4$ theelepel zwarte peper

Routebeschrijving:

a) Verwarm de oven voor op 190°C. Bekleed een bakplaat met bakpapier of een Silpat-mat.

b) Wikkel de geraspte groenten in keukenpapier en wring het overtollige vocht eruit.

c) Meng alle ingrediënten in een middelgrote kom tot ze goed gemengd zijn.

d) Plaats hoopjes ter grootte van een eetlepel op de bakplaat.

e) Bak 7–10 minuten, tot ze lichtbruin zijn.

f) Laat 2-3 minuten afkoelen en haal van de bakplaat.

99. Pompoentaart-kokosnootchips

Ingrediënt

- 2 eetlepels kokosolie
- 1/2 theelepel ᵥₐₙᵢₗₗₑ -extract
- 1/2 ₜₕₑₑₗₑₚₑₗ pompoentaartkruiden
- 1 eetlepel gegranuleerde erythritol
- 2 kopjes ongezoete kokosvlokken
- $^1/_8$ theelepel zout

Routebeschrijving:

a) Verwarm de oven voor op 175°C.

b) Doe kokosolie in een middelgrote magnetronbestendige kom en verwarm in de magnetron tot het gesmolten is, ongeveer 20 seconden. Voeg vanille-extract, pompoentaartkruiden en gegranuleerde erythritol toe aan kokosolie en roer tot het gemengd is.

c) Doe de kokosvlokken in een middelgrote kom, giet het kokosoliemengsel erover en hussel het om. Verdeel het in een enkele laag over een bakplaat en bestrooi met zout.

d) Bak 5 minuten of tot de kokos knapperig is.

100. Kippenvelchips alfredo

Ingrediënt

- Huid van 3 grote kippendijen
- 2 eetlepels ricottakaas
- 2 eetlepels roomkaas
- 1 eetlepel geraspte Parmezaanse kaas
- $1/4$ teentje knoflook, fijngehakt
- $1/4$ theelepel gemalen witte peper

Routebeschrijving:

a) Verwarm de oven voor op 350°F. Leg de vellen zo plat mogelijk op een bakplaat bekleed met bakpapier.

b) Bak 12-15 minuten, totdat de schil lichtbruin en knapperig is. Let op dat de schil niet verbrandt.

c) Haal de schil van de bakplaat en leg ze op keukenpapier om af te koelen.

d) Doe de kaas, knoflook en peper in een kleine kom. Meng met een vork tot het goed gemengd is.

e) Snijd elke krokante kip in 2 stukken.

f) Doe 1 eetlepel kaasmengsel op elke kipchip en serveer direct.

CONCLUSIE

Bedankt dat u dit punt hebt bereikt.

De mogelijkheden zijn eindeloos. Er zijn zoveel verschillende soorten fingerfoodhapjes die je voor het diner kunt serveren!

Als je niet de tijd of bandbreedte hebt om 60 mini sliders te monteren, doe het dan niet! Als je geen crab claws kunt betalen, kies dan iets dat goedkoop en budgetvriendelijk is!